ÉTUDES

SUR

LES ACIERS

DONT L'ARTILLERIE FAIT USAGE,

PAR

DE MASSAS.

Chef d'escadron d'artillerie.

PARIS,

LIBRAIRIE MILITAIRE, MARITIME ET POLYTECHNIQUE

DE J. CORRÉARD,

LIBRAIRE-ÉDITEUR ET LIBRAIRE-COMMISSIONNAIRE,

Rue Christine, 1.

1852

V

ÉTUDES

SUR LES

ACIERS DONT L'ARTILLERIE FAIT USAGE.

ÉTUDES

SUR

LES ACIERS

DONT L'ARTILLERIE FAIT USAGE,

PAR

DE MASSAS,

Chef d'escadron d'artillerie.

PARIS,

LIBRAIRIE MILITAIRE, MARITIME ET POLYTECHNIQUE
DE J. CORRÉARD,

LIBRAIRE-ÉDITEUR ET LIBRAIRE-COMMISSIONNAIRE,
Rue Christine, 1.

1852

AVANT-PROPOS.

—

Les ouvrages de science traitent de l'acier d'une manière incomplète ; les contradictions que j'y ai remarquées, m'ont conduit à faire des expériences dans le but de reconnaître et de préciser l'influence bonne ou mauvaise des fers employés, et des charbons de diverses espèces sur la qualité de l'acier de cémentation, et celle de plusieurs sortes de liquides à température variée sur la trempe.

Il s'agit de résoudre les questions principales suivantes :

1° La silice peut-elle, sans le concours du carbone, rendre le fer acier ?

2° Les charbons qui ne contiennent pas de silice sont-ils aptes à aciérer le fer ?

3° Les charbons végétaux de bois durs ou tendres, ceux de matière animale, le charbon de terre.... peuvent-ils, dans le même intervalle de temps, cémenter le fer au même degré ?

4° Une cémentation prolongée transforme-t-elle l'acier en fonte de fer?

5° Serait-il possible de se rendre maître de la fabrication de l'acier de cémentation et par suite de celle de l'acier fondu, au point de pouvoir reproduire à volonté et facilement un acier reconnu bon pour baguettes de fusil, baïonnettes, ressorts et pièces de platine, sabres, épées ou cuirasses?

Afin d'être le plus possible concis, je n'ai pas extrait des livres les contradictions que l'on y trouve. Il m'a paru convenable de prendre la question d'art au point où elle paraît être et de la pousser en avant à l'aide d'expériences dirigées avec soin, sans m'inquiéter si les résultats à obtenir seraient en harmonie avec tel livre et en désaccord avec tel autre.

Les essais auxquels je me suis livré ont été nombreux, de longue durée, et je les ai faits consciencieusement; ce travail peut donc être considéré comme exact, du moins je n'ai rien négligé pour qu'il le fût.

CHAPITRE 1er.

Cémentation du fer.

§ 1. *Fer et silice.*

On entend par acier toute combinaison dont le principal élément est le fer, qui, chauffée et refroidie brusquement, acquiert de la dureté.

Pour rechercher si la silice peut aciérer le fer par cémentation, je me suis servi de boîtes en tôle avec couvercle, les unes simples, les autres divisées en plusieurs compartiments, de fer malléable, ne cassant à aucune température et ne prenant nullement la trempe à l'eau froide, en un mot, de première qualité, et de silice provenant de cristaux de roche chauffés au rouge et jetés à l'eau, ce qui en fait la pulvérisation.

Le même fer étiré en baguette de dix millimètres de diamètre a été employé pour les expériences.

Trois barreaux longs de huit centimètres, limés et pesés avec le plus grand soin, ont été placés dans une boîte de tôle à trois compartiments préalablement remplis de poudre tamisée de cristal de roche.

La boîte ainsi préparée, fermée et lutée, a été maintenue au blanc dans un four chauffé au charbon de terre ; on l'a retirée après vingt-quatre heures pour en ôter le barreau de fer N° 1 ; on l'a remise au feu et chauffée encore pendant vingt-quatre heures; après avoir enlevé le barreau N° 2, on a replacé la boîte dans le foyer.

Après les trois jours, on a constaté ce qui suit :

1° La silice s'était prise en roche dure ; il a fallu la casser pour en retirer les barreaux ; elle avait une teinte rose.

2° La surface des barreaux de fer était brillante et bleuâtre ; on eût dit qu'ils venaient d'être décapés avec le plus grand soin.

3° Pesés de nouveau, on a trouvé une très-légère diminution de poids.

4° Tâtés à la lime, ils ont manifesté une dureté remarquable.

5° Placés sur les mâchoires écartées d'un étau, le N° 2 a cassé au premier coup de marteau à main ; le grain de la cassure était très-fin, serré et brillant. Les morceaux de fer étaient donc devenus durs et fragiles.

Ce dernier résultat me surprit beaucoup ; il ne pouvait provenir d'une cémentation ; car le poids des barreaux n'avait pas augmenté. D'ailleurs, le recuit au rouge rendait à ces barreaux leur malléabilité première, et, en les chauffant et jetant à l'eau, on ne leur donnait aucun degré de trempe. Que s'était-il donc passé ?

Quand un phénomène est expliqué, tout est simple et c'est ainsi que les choses m'apparaissent aujourd'hui. La silice, très-fortement chauffée, devait éprouver un retrait sur elle-même et par suite presser avec d'autant plus de force le barreau de fer que la température était plus élevée ; d'autre part, le fer tendait à se dilater et il ne pouvait le faire à cause du retrait de la silice.

En conséquence, le fer a subi un écrouissage exactement comme si on l'eût comprimé très-fortement ou battu à froid à coups de marteau.

La coloration de la silice provenait d'un peu de fer oxydé pris à la surface du barreau, et c'est là ce qui avait décapé et rendu cette surface si brillante.

Cette première expérience a été répétée en prolongeant la durée du feu et élevant la température, sans plus de succès pour la cémentation.

En conséquence, on ne peut cémenter directement le fer par la silice.

Nota. Dans ces expériences, on n'a point poussé la chaleur jusqu'à fondre le fer.

§ 2. *Fer et charbons non siliceux.*

Après avoir épuisé l'expérience relative à la cémentation du fer par la silice, je me suis ingénié pour trouver des matières combustibles qui fussent le moins possible siliceuses. A la suite de quelques essais, mon choix s'est fixé sur le sucre et la gomme, tous les deux de première qualité, dont les charbons sont très-faciles à obtenir en vase clos et qui passent pour ne pas contenir de silice en quantité notable.

L'expérience précédente a donc été refaite afin de savoir si les charbons très-peu siliceux produiraient des aciers. Des barreaux de même fer, de dimensions égales, préparés d'une manière semblable et pesés, ont été mis dans deux boîtes préalablement remplies l'une de charbon de sucre, l'autre de charbon de gomme.

On a chauffé au rouge pendant quatorze heures seulement et, après ce laps de temps, on a laissé refroidir.

Le poids de chacun des barreaux a été trouvé augmenté; leur dureté à froid était plus forte que celle du fer primitif; rougis et jetés à l'eau, ils ont pris énergiquement la trempe.

Quatorze heures ont donc suffi aux charbons non ou très-peu siliceux pour cémenter le fer et le rendre acier jusqu'à une profondeur appréciable.

En résumé, la silice n'est pas apte à cémenter le fer et il est probable qu'elle ne peut, en aucun cas, rendre le fer acier, dans l'acception ordinaire de ce mot.

Les charbons les plus purs cémentent très-facilement le fer et lui donnent la propriété de prendre la trempe à l'eau. (Voir la cémentation par les charbons animaux au chapitre II.)

CHAPITRE II.

Des charbons et de leur degré de rapidité de cémentation.

Les charbons de gomme arabique et de sucre ayant produit promptement une cémentation très-efficace, il devenait naturel de rechercher si tous les charbons agiraient comme eux ou moins bien.

Pour faire cette expérience, je me suis servi du fer irréprochable dont il a été question au chapitre Ier : on en a tiré quinze morceaux du diamètre de 10 millimètres et de 8 centimètres de longueur ; ils ont été pesés et numérotés.

D'autre part, on a préparé une boîte en tôle de fer, à quinze compartiments numérotés de 1 à 15, dans lesquels on a mis :

1. Cendres de bois prises dans un foyer ordinaire.
2. Mélange de parties égales de charbons de chêne et de silice.
3. Charbon de buis.
4. — chêne.
5. — chènevotte.
6. — gomme arabique.
7. — oignon.
8. — corne de cheval.
9. — os de mouton.
10. — savates.
11. — corne, os et savates mêlés par tiers.
12. Noir de fumée non dégraissé.
13. Suie de cheminée de cuisine chauffée au bois.
14. Mélange de 1/2 de suie et de 1/2 de charbon de chêne.
15. Charbon de terre.

Tous ces charbons avaient été préparés en vase clos, pulvérisés et passés au tamis de soie.

On a mis les cylindres de fer dans les compartiments de même numéro qu'eux, et la boîte bien close a été placée dans un four chauffé au charbon de terre. On a conduit le feu le plus également possible et, après quatorze de température, on a laissé refroidir; le lendemain seulement j'ai fait retirer et ouvrir la boîte.

Les barreaux essayés à la lime, alternativement par trois serruriers, ont été classés, quant à leur dureté, dans l'ordre suivant :

§ 1ᵉʳ *Dureté relative avant la trempe des barreaux peu profondément cémentés.*

Dureté du fer non cémenté,	0
1. Cendres de bois,	0
2. Corne de cheval,	0
3. Suie de cheminée,	0
4. Charbon de terre,	0
5. — de chêne et silice,	1
6. — de buis,	1
7. — d'os, corne et savates mélangés,	1
8. Noir de fumée non dégraissé,	1
9. Mélange de charbon de chêne et de suie,	1
10. Charbon de chêne,	2
11. — chènevotte,	2
12. — gomme arabique,	2
13. Charbon d'os de mouton,	3
14. — de savates,	3
15. — d'oignon,	5

Ainsi les divers charbons, tout étant égal d'ailleurs, ont donné aux barreaux de fer des différences de dureté appréciables avant la trempe. Le charbon d'oignon doit surtout être remarqué. A quoi faut-il attribuer ces différences d'action? Je ne saurais le dire avec certitude.

Les barreaux qui n'ont acquis aucune dureté par la cémentation seule seront-ils les moins durs après la trempe? Cela pourra se faire, mais le contraire peut avoir lieu ; car il n'y a réellement aucune relation entre ces deux espèces de dureté, ainsi que le prouve le tableau ci-après.

§ 2. *Dureté relative après la trempe.*

Les barreaux précédents ont été placés sur une plaque et chauffés au rouge ; j'ai pris toutes les précautions possibles pour qu'ils pussent atteindre un degré de température uniforme, du moins, d'après l'œil des observateurs ; ce degré obtenu, on les a plongés dans l'eau ordinaire à la température de 15 degrés.

Les essais de trempe et de dureté ont été répétés plusieurs fois.

§ 3. *Classement après la trempe.*

(Les chiffres expriment la dureté relative des barreaux.)

Dureté du fer pris pour type,	0
1. Charbon de terre,	5
2. Cendres de bois,	5
3. Noir de fumée non dégraissé,	7
4. Charbon de chêne,	10
5. — chêne et silice tamisée,	10
6. — os de mouton,	16

Ces résultats sont vraiment bien remarquables.

Les cendres de bois contenant encore du charbon ont aciéré le fer autant que l'a fait le charbon de terre. Le charbon de chêne, au point de vue de la facilité de cémentation, est de beaucoup inférieur aux charbons de chènevotte, de buis, de gomme arabique, d'oignon et de charbons animaux, surtout de la suie grasse des cheminées de cuisine chauffées au bois.

Le peu d'efficacité du noir de fumée non dégraissé et du charbon de terre a été constatée plusieurs fois ; c'est là une observation intéressante qu'il convient de noter.

La plupart de ces barreaux profondément cémentés étaient à peu près inattaquables à leurs deux bouts et un peu attaquables vers le milieu. La cémentation semblerait donc s'opérer plus faciement dans le sens des fibres du fer que perpendiculairement.

Résumé.

1° Les fers cémentés qui sont durs avant la trempe, ne sont pas toujours les plus durs après ; et ceux qui sont relativement mous peuvent acquérir par le temps une grande dureté : c'est là un fait important dans la pratique.

2° Les mêmes fers cémentés avec divers charbons, pendant un temps égal, mais court, et chauffés au même degré, durcissent inégalement à la trempe dans l'eau.

3° Les charbons qui agissent avec le plus d'efficacité sont, en première ligne : la suie grasse des cheminées de cuisine chauffées au bois ; en deuxième ligne, les charbons animaux de corne de cheval, de cuir (charbon de savates) et les charbons végétaux d'oignon, de chènevotte, de gomme arabique : bien après eux vient le charbon de chêne ; plus loin encore le noir de fumée non dégraissé, enfin le charbon de terre.

OBSERVATION I. — L'infériorité du charbon de terre, au point de vue de la promptitude de la cémentation, tendrait à faire présumer que les fontes de fer obtenues dans les hauts fourneaux chauffés au coke doivent être moins carburées que celles provenant des hauts fourneaux chauffés au charbon de bois ;

toutefois, comme les résultats dépendent non-seulement de la nature des charbons, mais encore de la
durée de la fusion et de l'élévation de la température, les différences de carburation peuvent disparaître.

OBSERVATION II. — L'infériorité du noir de fumée
non dégraissé me paraît digne d'être remarquée.

Quand on chauffe ce noir, il en sort une fumée
jaunâtre, abondante d'abord, et qui s'éclaircit peu à
peu et tend à disparaître.

Cette distillation de matière grasse empêcherait-
elle au charbon de toucher les surfaces du fer et d'y
adhérer, et rendrait-elle, par ce seul obstacle, la cémentation difficile ? Peut-être est-ce bien là la cause
de l'infériorité du noir de fumée non dégraissé ;
toutefois, avant d'admettre cette conjecture au rang
des vérités, il eût été nécessaire de calciner fortement le noir, afin de le dégraisser à fond, et de s'en
servir ensuite comme cément pour reconnaître si le
dégraissage lui aurait donné la faculté de cémenter
le fer avec plus de puissance.

J'ai négligé, à mon très-grand regret, de faire
cette expérience comparative.

CHAPITRE III.

Tableau des fers par ordre de profondeur de cémentation.

Comme moyen de vérifier le classement du tableau n° 2, il m'a paru utile de comparer les profondeurs de cémentation ; dans ce but, tous les barreaux ont été cassés ; voici le résultat de l'examen de chacun d'eux.

(Les chiffres expriment les profondeurs relatives de cémentation.)

Fer pur pris pour type,	0
1. Charbon de terre,	5
2. Cendres de bois,	5
3. Noir de fumée non dégraissé,	5
4. Chêne,	15

Ainsi, le charbon de terre, les cendres de bois contenant peu de charbon et le noir de fumée non dégraissé ont donné à la cémentation une profondeur minimum; après eux vient le chêne. La profondeur la plus grande a été produite, d'abord par la suie de cheminée, les charbons d'oignon, de gomme arabique, de chènevotte, et ensuite par les charbons animaux.

CHAPITRE IV.

Quantité relative de carbone que les fers durs et tendres cémentés empruntent aux divers charbons.

Dans des expériences aussi délicates, il convient de toujours douter des résultats et de varier les expériences. Un moyen de constater les différences d'effets produits par les charbons consistait à peser les barreaux de fer avant la cémentation, à rendre les circonstances de la cémentation le plus possible uniformes et à peser ensuite les barreaux pour constater l'augmentation de poids.

Cela a été fait ainsi :

Les chiffres suivants expriment la proportion de carbone absorbé par les barreaux dont les poids ont été pris ici pour unité.

§ 1er. *Fer tendre.*

Augmentation de poids.

1.	Charbon de terre (coke)	1/496
2.	Cendres de bois,	1/350
3.	Charbon d'écorce de chêne,	1/173
4.	Noir de fumée non dégraissé,	1/170
5.	Chêne,	1/155
6.	Sapin,	1/152
7.	Peuplier,	1/150
8.	Hêtre,	1/144
9.	Os,	1/120
10.	Savates,	1/105
11.	Blé,	1/86
12.	Suie,	1/87
13.	Cément des ouvriers serruriers,	1/84

De ce tableau il résulte clairement que les meilleurs charbons pour la cémentation sont le cément des ouvriers en fer (la base en est la suie ; on trouvera sa composition au chapitre V), la suie de cheminée de cuisine chauffée au bois, celui de blé, celui de savates, et que les plus mauvais sont en première ligne le coke, ensuite le noir de fumée non dégraissé, et après le charbon de chêne, de sapin et de peuplier (celui de hêtre paraît être préférable au charbon des autres bois essayés).

Il est vraiment remarquable combien il faut peu de charbon pour rendre le fer acier ; ainsi 1 gramme

de carbone fourni par le coke à un barreau du
poids de 500 grammes suffit pour lui donner la propriété bien extraordinaire de se tremper (durcir),
quand, porté au rouge, il est jeté dans l'eau froide.
Avec ce fer cémenté par le coke on a fabriqué des
petits ciseaux d'ouvriers en bois qui ont été trouvés
bons.

§ 2. *Fer dur comparé au fer tendre.*

On lit dans tous les livres que le fer dur est plus
favorable à la fabrication de l'acier que le fer tendre :
j'ai cru devoir vérifier cette assertion par une expérience directe. Pour essayer d'y parvenir, j'avais
placé dans les boîtes précédentes des barreaux de fer
dur et de fer tendre choisis tous les deux de qualité
irréprochable.

Les cémentations se sont donc faites en même
temps dans chaque case.

Les augmentations de poids ont été :

	Fer dur.	Fer tendre.
1. Charbon de terre,	1/410	1/496
2. Cendres de bois,	1/320	1/350
3. Charbon d'écorce de chêne,	1/161	1/173
4. Noir de fumée non dégraissé,	1/170	1/177
5. Charbon de chêne,	1/130	1/165
6. Sapin,	1/155	1/152
7. Charbon de peuplier,	1/157	1/150
8. — hêtre,	1/156	1/144

9. Charbon de savates,   1/106   1/105
10.   —   os,   1/115   1/120
11.   —   blé,   1/100   1/86
12.   —   suie,   1/90   1/86
13.   —   cément des ouvriers, 1/86   1/84

OBSERVATION. — Les différences sont petites, tantôt en plus, tantôt en moins ; on ne peut ainsi tirer aucune conclusion certaine sur le plus ou moins de facilité des fers tendres et durs à se cémenter. Il y a (voir chapitre **VI**) un degré maximum de cémentation ; il faudrait donc, pour faire une expérience pratiquement utile, atteindre ce maximum et comparer les poids des charbons absorbés et les durées de temps nécessaires pour saturer les deux espèces de fer.

Il est à propos de le faire observer, l'action de la trempe est si grande que les petites influences dues à la composition des fers disparaissent certainement devant elle, pourvu que les fers soient toujours choisis de première qualité.

En conséquence, les aciers cémentés au même degré et faits avec des fers de qualité irréprochable doivent être également bons.

CHAPITRE V.

Des propriétés physiques des divers charbons.

Frappé de l'inégalité de puissance de cémentation des divers charbons, je me suis demandé si les chimistes étaient fixés sur ce que l'on nomme charbon ; la réponse est qu'ils sont très-loin de l'être, du moins avec vérité.

Le temps me manque pour approfondir cette question ; je dois me borner à l'indiquer ici et à noter les différences principales que j'ai remarquées dans l'aspect des charbons dont je me suis servi ; tous ont été distillés en vase clos.

Chêne. — Se casse assez facilement quand on le presse perpendiculairement à la longueur des fibres ;

résiste beaucoup plus dans le sens des fibres, se pile très-fin, tache le papier; grain rond en apparence.

Chènevotte. — Très-léger, adhère au papier; grain allongé, brillant sur la face éclairée. (Tamisé, il a un aspect particulier qui le fait reconnaître.)

Gomme arabique. — Tache à peine le papier; couleur brune, grain arrondi.

Corne de cheval. — Se tamise fin, adhère au papier; couleur gris de fer, grain en lame brillante.

Après la cémentation, j'ai constaté les faits suivants :

Buis. — Avait un peu noirci.

Chêne. —   *Idem.*

Chènevotte. — S'est pris en morceaux; facilement pulvérisable.

Gomme. — Aggloméré dans quelques parties en petits globules très-faciles à pulvériser.

Oignon. — Aggloméré dans quelques parties en globules très-faciles à pulvériser.

Corne de cheval. — S'est boursouflé et pris en masse en augmentant de volume.

Noir de fumée. — S'est pris en morceaux; facilement pulvérisable.

Suie de cheminée. — S'est prise en gros morceaux qui enveloppaient le cylindre de fer, très-dur, irisé; a beaucoup noirci et augmenté de volume.

Charbon de terre. — S'est réduit en coke très-dur, gris noirâtre, percé de trous; volume augmenté.

OBSERVATIONS. — Les charbons qui cémentent le plus promptement le fer, seraient-ils aussi les plus inflammables, et le service des poudres et salpêtres pourrait-il mettre à profit le résultat de mes expériences en ce qui concerne, du moins, le classement des charbons végétaux ? Ainsi, les poudres faites avec les charbons de terre, d'écorce de chêne, de noir de fumée non dégraissé, de chêne, de sapin, de peuplier, de hêtre, de buis, de chènevotte, de gomme arabique, d'oignon, seraient-elles, tout étant égal d'ailleurs, de plus en plus vives ?

D'après le tableau du chapitre IV, le charbon de chènevotte et de buis prime celui de hêtre, et ce dernier l'emporte également d'un rang sur celui du peuplier. Le sapin est en dessous ; après, vient le chêne. Or, pour la fabrication des poudres, on a toujours donné la préférence au charbon de chènevotte (de bourdaine) et à celui de peuplier (bois blanc).

Je regrette de n'avoir pas eu la pensée d'essayer le charbon de bourdaine et celui de coton ; il n'eût pas été sans intérêt de fixer leurs places dans le tableau du chapitre IV.

Si, en effet, il y avait de l'analogie entre la facilité de cémenter le fer et le degré d'inflammabilité des divers charbons et de leur richesse en carbóne, les plus mauvais charbons pour la fabrication de la poudre seraient, en première ligne, le coke, le noir de fumée non calciné et, ensuite, le charbon de chêne.

Les meilleurs des charbons végétaux essayés par moi seraient, progressivement, ceux de hêtre et de buis, de chènevotte, de gomme arabique et surtout d'oignon.

Quant aux charbons mixtes de blé et de suie de cuisine, dont la puissance de cémentation est si marquée, je ne saurais dire quelle serait leur influence sur la poudre.

En résumé, les charbons provenant de végétaux et de matières animales, ont des aspects différents : les grains n'ont pas la même forme, la couleur varie, ils ne tachent pas le papier également, etc. Il serait nécessaire que l'examen en fût fait avec soin ; plusieurs branches du service de l'artillerie (les forges et les poudres et salpêtres) pourraient puiser des renseignements très-utiles dans cette étude si elle était approfondie. Il s'agirait, en premier lieu, pour les forges, de trouver un charbon qui, tout en étant bon pour la cémentation, ne se composât à très-peu près que de carbone ; et, en second lieu pour les poudres, que le charbon fût à la fois très-inflammable, non hygrométrique et de nature à ne pas encrasser les armes.

CHAPITRE VI.

Du résidu des charbons employés plusieurs fois à cémenter le fer.

Les fabricants d'acier paraissent avoir remarqué que les charbons perdent de leur force ; ils les renouvellent en tout ou en partie après une ou deux cémentations.

J'ai cherché à vérifier si, en effet, les céments tendent à s'épuiser, et cela m'a paru être exact ; mais il eût fallu répéter les essais un nombre de fois assez grand pour réellement amener les charbons à ne plus être qu'un résidu inerte ; ce restant eût été vraiment digne d'être examiné avec une grande attention. J'exprime le regret de n'avoir pu pousser à bout ces essais ; quelque soin que l'on donne à un travail, il est difficile de tout prévoir et de tout finir.

Ce sujet d'études devrait être repris ; peut-être en pesant avec soin des barreaux de fer pur et les employant à extraire, au moyen de cémentations successives, le carbone contenu dans les charbons, parviendrait-on à reconnaître les différences de carbone en poids qui peuvent exister entre 100 grammes des diverses espèces de charbons végétaux et animaux.

En outre, l'analyse des résidus permettrait de classer les charbons, non-seulement au point de vue de leur richesse active en carbone, mais encore du degré de leur action sur les fontes de fer, attendu que, sous l'influence d'une haute température et de la présence du fer et du charbon, les matières qu'ils contiennent sont probablement réduites et entrent dans la composition des fontes.

Cet aperçu indique qu'il peut ne pas être indifférent de faire usage, pour les hauts fourneaux, de telle espèce de charbon ou de telle autre. En conséquence, les charbons les meilleurs pour la conversion des minerais en fonte, et celle des fontes en fer, seraient certainement ceux qui, éprouvés par des cémentations successives, contiendraient le plus de carbone et laisseraient pour résidu les matières les moins aptes à nuire à la qualité des fontes, fers et aciers.

OBSERVATION. — Je crois utile de rappeler ici un fait digne d'être remarqué au point de vue de l'étude des charbons.

En remplissant un creuset avec du charbon ordinaire de cuisine, pilé et tamisé, et le tenant pendant plusieurs heures à la température de la fusion du cuivre rouge, on trouve, si on lave dans une capsule de porcelaine le charbon refroidi, qu'il s'est produit de petits globules ayant un aspect vitreux, inattaquables à la lime; les uns un peu plus riches en fer se dissolvant dans l'acide azotique; les autres, plus pauvres, représentant des scories insolubles dans cet acide.

Le noir de fumée ne donne pas lieu à de ces petits globules, parce qu'il est entièrement dépourvu de fer.

J'extrais cette observation de mon Mémoire sur les cuivres, étains et bronzes, employés pour la fabrication des bouches à feu. (Corréard, Paris, 1850, pages 87 et 88.)

CHAPITRE VII.

Des céments employés par les ouvriers des arsenaux et par les armuriers civils pour tremper le fer en paquet et en aciérer la surface.

Afin de compléter ce qui est relatif aux charbons, je joins ici l'examen que j'ai fait de deux espèces de cément très-dignes, à mon avis, de fixer l'attention.

§ 1. *Du cément ordinaire des ouvriers en fer.*

Dans les ateliers de l'artillerie, les ouvriers ont pour habitude de cémenter la surface de certaines pièces de fer en les faisant chauffer au rouge dans un magma formé, longtemps à l'avance, de suie de cheminée de cuisine, de sel marin, d'ail et d'urine que l'on renouvelle.

Les résultats obtenus à l'aide de ce singulier mélange sont excellents.

J'ai voulu me rendre compte de l'utilité du sel marin, de l'ail et de l'urine; à cet effet, j'ai placé trois barreaux de fer, l'un dans du charbon auquel on avait ajouté 1/20ᵉ de sel; le second, dans une boîte pleine d'ail, sans autre addition, et le troisième dans une boîte remplie d'urine.

Les trois boîtes ont été chauffées séparément, et l'on a renouvelé l'urine à mesure de son évaporation.

Après quelques heures, on a retiré la boîte au charbon mêlé de sel et on a laissé refroidir ; le barreau a été trouvé parfaitement décapé.

La deuxième boîte est restée quatorze heures au feu, le charbon d'ail entourait le barreau qui a été trouvé durci et manifestement cémenté.

L'ail paraît donc avoir une action analogue à celle de l'oignon et également efficace.

Après vingt-quatre heures d'évaporations successives, on a ouvert la troisième boîte et on a vu le barreau de fer et les parois de la boîte, entièrement recouverts d'une croûte formée par une espèce de charbon animal.

Ainsi, le sel de cuisine sert à décaper le fer, l'ail ajoute un excellent charbon, et l'urine fournit un peu de charbon animal.

N'est-il pas extraordinaire que les ouvriers soient arrivés, je ne sais par quelle voie, à combiner un cément aussi bizarre et d'aussi bonne qualité ?

Néanmoins, à cause de l'infection causée par l'urine, on devrait se contenter de suie, d'ail et de sel ; la vertu du cément ne serait pas amoindrie.

§ 2. *Du cément d'os de mouton employé par les armuriers.*

Les armuriers civils ont l'habitude de tremper en paquet toutes les pièces de la platine et de la garniture du fusil, tels que sous-garde, pontet, etc. ; ils mettent dans une boîte de tôle, des os de mouton particulièrement, et toutes les pièces de fer ; la boîte close est ensuite placée dans un foyer et chauffée au rouge pendant quelques heures.

Les os se carbonisent. Le temps jugé nécessaire à l'opération étant expiré, l'ouvrier retire la boîte du feu et la jette rouge dans un seau d'eau.

Les pièces de fer sont alors si dures à la surface que la lime ne peut y mordre, et, de plus, elles sont chargées de couleurs variées qui rappellent les couleurs dites de recuit, tout en ayant un aspect très-différent et beaucoup plus agréable.

Il y a donc deux effets produits, l'un est la cémentation des pièces de fer ou l'aciération, l'autre la mise en couleur de ces mêmes pièces. Le premier rentre dans les expériences, objet des chapitres précédents, le second est nouveau.

Je me suis appliqué à rechercher les causes de la coloration spéciale du fer par le charbon d'os. D'abord, il a fallu s'assurer que le même phénomène ne pouvait résulter de l'emploi des charbons de bois; plusieurs tentatives ont prouvé la facilité d'obtenir les couleurs de recuit plus ou moins belles, et l'impossibilité de produire, au moyen des charbons végétaux, celles des trempes en paquet des armuriers.

J'ai essayé le noir de fumée non dégraissé, contenant ainsi une grande quantité de matière grasse; mais quelque soin que j'aie apporté dans ces expériences, elles ont été sans succès. Une seule fois, le noir de fumée a donné lieu à d'admirables couleurs bleues, irisées, analogues à celles ordinaires de recuit, seulement le bleu était très-vif et vraiment beau.

Dans un autre essai, la surface du fer fut oxydée, et sous la couche d'oxyde qui était épaisse d'un dixième de millimètre environ, se trouvèrent de belles couleurs bleues et autres. Ce résultat est digne d'intérêt au point de vue de l'action chimique des gaz.

Les couleurs dites de recuit sont très-curieuses; elles se forment successivement à la surface polie du fer exposé à une température convenable pour leur production; sans doute, on peut les considérer comme résultant d'une oxydation, car elles se modifient à mesure que la couche oxydée augmente d'épaisseur sous l'influence d'une élévation progressive de température, et elles disparaissent quand cette épaisseur dépasse une certaine limite.

D'après le Manuel de métallurgie de Karster, traduction de M. Kulmann, édition de 1814.

Les degrés du thermomètre centigrade, auxquels on admet que les couleurs du recuit correspondent, sont :

Jaune clair,	224°
Jaune paille,	229
Jaune foncé,	243
Brun,	254
Brun pourpre,	265
Pourpre,	276
Bleu obscur,	287
Bleu foncé,	293
Bleu clair,	315

Les couleurs jaunes conviennent aux instruments de coutellerie en acier le plus fin ; les bruns et le pourpre aux aciers de coutellerie ordinaire, outils d'ouvriers en bois ; le bleu, aux lames de sabres, épées, ressorts, et le bleu foncé aux pièces d'armes à feu.

En définitive, les couleurs que les armuriers donnent aux pièces de la garniture des fusils ont une grande analogie avec celles de recuit ; mais, à coup sûr, elles ne sont pas une simple combinaison de fer et d'oxygène. Il est à présumer qu'il se forme des composés azotés, des cyanures par exemple ; c'est là une conjecture voisine, je crois, de la vérité.

En terminant cet article, je rappellerai que lorsque de petits tarauds ou forets ne sont pas assez durs, les ouvriers horlogers les enduisent de prussiate de potasse, les font rougir à la flamme d'une lampe et les trempent dans l'eau ou l'huile. Ces outils durcissent. Cette manière de faire une cémentation mérite de ne pas être oubliée.

CHAPITRE VIII.

Essai de transformation du fer en fonte par une cémentation prolongée faite à une température inférieure à celle du blanc.

Quand on étudie les ouvrages de chimie et de métallurgie, on acquiert la certitude de la transformation du fer en fonte en le combinant avec une quantité suffisante de carbone, et l'on tend à penser qu'il se forme une série continue de combinaisons ou alliages, dont plusieurs pris pour type ont reçu les noms particuliers de fonte grise truitée, etc.

Après avoir lu les articles relatifs à l'acier de cémentation, on est également disposé à penser que le carbone s'allie au fer en toutes proportions, et qu'en poussant la cémentation pendant assez de temps, on transformerait l'acier en fonte ; j'ai voulu vérifier si, en effet, on pourrait y parvenir, sans cependant élever la température notablement au delà de celle nécessaire à une cémentation régulière. Un morceau de fer, de qualité irréprochable, a été forgé plat et amené aux dimensions suivantes : longueur, 8 centimètres ; largeur, 2 centimètres ; épaisseur, 5 millimètres. Je l'ai mis dans une de mes boîtes avec du charbon de bois de chêne et le tout a été chauffé au rouge pendant vingt-quatre heures ; j'ai noté l'augmentation de poids ; l'expérience a continué ; après vingt-quatre heures, on a pesé de nouveau et l'on a recommencé à chauffer ; après plusieurs pesées, on a discontinué ; le problème était résolu.

A la troisième chauffe, la cémentation parvenue à son maximun a cessé et le poids du morceau de fer n'a plus augmenté ; à la chauffe suivante, il y a eu une légère diminution de poids ; à la suivante, encore une autre, et les diminutions provenaient non de l'altération de l'acier formé, mais de parcelles de métal qui se détachaient des bords du morceau de fer.

Je ne puis admettre que, dans cette expérience, le charbon se soit épuisé de carbone au point de rendre le renouvellement de ce charbon nécessaire pendant le cours de l'essai.

Ainsi, contrairement aux prévisions théoriques, le fer, au lieu de se transformer en fonte sous l'influence d'une cémentation prolongée, se sature de carbone et reste acier.

Le morceau de fer cémenté, dont il est ici question, a servi à faire des canifs et plusieurs lancettes de chirurgie ; un autre morceau, préparé de la même manière, a été forgé en rasoirs. La qualité de ces instruments n'a rien laissé à désirer.

On verra aux chapitres XII et XIII le parti que l'on peut tirer, au point de vue de la fabrication et de l'emploi de l'acier, du résultat important et inattendu, pour moi, que je viens de signaler.

CHAPITRE IX.

De la stabilité de l'acier de cémentation.

D'après divers auteurs, l'acier de cémentation a ou doit avoir moins de stabilité que l'acier dit naturel.

Pour vérifier s'il en est ainsi ou tout au moins m'assurer si l'acier de cémentation paraît manquer de toute la stabilité désirable, j'ai fait cémenter trois barreaux pesant 500 grammes chaque, l'un à un tiers de saturation, l'autre à deux tiers et le troisième à saturation complète. Je les ai fait mettre à la forge, porter au rouge vif pendant une heure, et ensuite marteler, chauffer, tremper à l'eau, chauffer à nouveau et travailler jusqu'à ce qu'ils fussent réduits à peser 50 grammes environ. Pendant ces expériences dont je ne rapporte pas les détails et les soins minutieux dont elles ont été entourées, ces trois aciers ont paru très-stables.

Les derniers petits échantillons, du poids d'environ 50 grammes, avaient toute l'apparence et les qualités des aciers fondus, réputés les meilleurs.

Ma conviction est donc que la stabilité des aciers de cémentation est parfaite et qu'elle n'est point inférieure à celle des aciers naturels.

CHAPITRE X.

De l'influence des espèces de fer sur les qualités de l'acier.

Il est difficile à nos manufactures d'armes de se procurer de bons aciers; les arsenaux trouvent également avec peine des outils dont la qualité soit satisfaisante, tandis que d'après les expériences précédentes, pour lesquelles j'ai employé du fer de très-bonne qualité et des charbons de toute nature, je n'ai jamais eu de mauvais acier; la plupart des échantillons n'étaient pas assez cémentés, et, à ce titre, ils ne pouvaient donner lieu à des aciers fins; mais, du moins, ils n'avaient aucun autre défaut.

Par suite de ces observations, j'ai dû rechercher à quoi pouvait tenir la mauvaise qualité de beaucoup d'aciers du commerce, les uns pailleux, les autres cassant sous le marteau ; pour y parvenir, j'ai fait les essais suivants :

1° Du fer cassant à froid à été cémenté dans les divers charbons indiqués plus haut; il m'est arrivé même de pousser l'opération jusqu'à saturer le fer de carbone.

Or, ce fer a conservé sa propriété de casser à froid.

2° Du fer dit rouverain (cassant à chaud) a été également cémenté jusqu'à refus, et sa propriété de casser à chaud est restée la même, à mon grand étonnement et contrairement aux prévisions théoriques.

En conséquence, les mauvaises qualités du fer se continuent dans l'acier de cémentation et ensuite dans les aciers fondus.

De là résulte l'utilité de n'employer dans la fabrication des aciers que des fers excellents, purs, sans aucun défaut, si c'est possible ; ce choix de bons fers est donc la première condition à remplir, condition *sine quâ non* d'une production saine.

CHAPITRE XI.

Comparaison entre les aciers naturels et ceux de cémentation; choix à faire.

Je suis conduit, malgré moi, à étendre ce mémoire; mais une question est liée à une autre, et, pour détruire une erreur répandue, il ne faut rien négliger.

En général, on donne la préférence à l'acier naturel pour la fabrication des outils d'ouvriers en bois et en fer. On a tort d'agir ainsi, voici pourquoi : au chapitre X, j'ai déjà fait ressortir un point important de la fabrication de l'acier, c'est la persistance du fer, s'il est cassant à froid, ou rouverain (cassant à chaud), à conserver ces mêmes propriétés malgré la cémentation. Or, les fers tiennent leurs qualités des fontes d'où ils proviennent, et il est à remarquer que la fabrication de l'acier naturel a la plus grande analogie avec celle du fer; donc, si les fontes destinées à faire de l'acier naturel avaient une composition telle que si elles étaient transformées en fer, celui-ci deviendrait cassant à froid ou à chaud ou difficile à souder, elles donneraient à coup sûr ces mêmes propriétés à l'acier.

La fabrication de l'acier naturel constitue une industrie ordinairement séparée des hauts fourneaux : ainsi le fabricant d'acier achète les fontes qui lui sont nécessaires et n'a aucun moyen facile et peu coûteux de s'assurer de leur bonté préalable. Les praticiens consultent la cassure, l'aspect; mais, en réalité, leur seule ressource est de prendre les fontes là où elles passent pour convenir à la fabrication de l'acier et donner de bons produits. Rarement, pour s'assurer des qualités des fontes blanches ou grises, on se décide à charger un creuset; car s'il arrive que la matière se comporte mal et qu'elle s'agglutine au fond des creusets et y adhère, il y a perte d'argent par suite de l'opération manquée; de plus, le creuset est compromis.

L'inconvénient très-grave de ne pas être sûr de la composition des matières premières et de ne pouvoir dire d'avance que l'acier naturel ne sera ni cassant à froid, ni rouverain, ni non soudant, etc., est donc inhérent à cette espèce d'acier.

D'autre part, quand les loupes d'acier naturel sont obtenues, on les forge, trempe rouge dans l'eau, et casse en morceaux de faible longueur, afin d'être à même de juger, à l'œil, de leurs qualités et de les classer d'après le grain, les veines de fer, etc. En conséquence, on ne connaît pas, à dire vrai, le degré d'aciération des diverses séries.

Il est facile, d'après cela, de comprendre combien les aciers naturels doivent être différents les uns des autres : un industriel produit du bon acier aujourd'hui, et demain il en fait du mauvais, même à son insu. En outre, les fabricants fondent les aciers naturels, et l'on sait que la composition des aciers ne peut être connue; il résulte de là une très-grande variété d'aciers fondus.

La fabrication de l'acier de cémentation peut n'avoir aucun de ces inconvénients; en effet, il est facile de reconnaître si le fer à employer est de très-bonne qualité; de plus, on peut donner au fer le degré de cémentation qu'on désire, depuis 0 jusqu'à saturation complète, et l'on y parvient dans des limites suffisamment rapprochées pour la pratique. (Voir le chap. XII.)

Je conclus de ce qui précède à l'utilité de préférer les aciers de cémentation à ceux dits naturels ; sauf, surtout, si les barreaux ne sont pas cémentés à saturation, à répartir uniformément le carbone dans leur masse en les fondant.

CHAPITRE XII.

Des moyens de donner au fer un degré de cémentation voulu et de rendre homogènes les aciers de divers degrés de cémentation.

Il est très-facile, ai-je dit, de donner à des fers de grosseur déterminée une cémentation fixe, comprise entre 0 et la saturation complète. Pour le faire, il y a trois conditions à remplir : l'une est de savoir régler le feu et de le maintenir à bonne chaleur (rouge prononcé) pendant la durée de temps nécessaire ; c'est là une habitude à prendre et un coup de main qu'il faut ici supposer hors de contestation ; l'autre est d'employer toujours du fer de première qualité ; la troisième de se servir du cément reconnu le meilleur. Il est inutile de recommander d'opérer le lendemain comme la veille, c'est-à-dire avec uniformité.

Supposons les caisses chargées, et le feu mis; après un certain temps on arrêtera le feu et on laissera refroidir; on pèsera plusieurs des barreaux numérotés d'avance, à l'effet de constater l'augmentation de poids après un nombre d'heures convenu de chaleur rouge prononcé; on recommencera à chauffer, on arrêtera ensuite de nouveau, et, après une nouvelle pesée, on redonnera le feu... ainsi de suite jusqu'à ce que les poids aient cessé d'augmenter.

On apprendra de cette manière à connaître le nombre d'heures de chaleur rouge nécessaire pour saturer les barreaux dont la longueur et l'épaisseur seront connues d'avance.

Quand on voudra des barreaux de même forme moins cémentés, on les portera à la chaleur rouge et on les laissera à cette température, tout étant égal d'ailleurs, pendant 3/6, 4/6 et 5/6 du nombre d'heures trouvé nécessaire pour la saturation, et on les pèsera. On aura ainsi les séries de barreaux cémentés aux 3/6, 4/6 et 5/6 de saturation.

Pour rendre homogènes les séries d'aciers, les fabricants ont deux moyens : le premier consiste à corroyer l'acier, et le second à le fondre dans des creusets; tous les deux sont bons, mais je donne la préférence au second par les motifs suivants : Le corroyage exige des ouvriers habiles et très-attentifs, et, malgré leurs soins, l'acier corroyé une fois et même deux fois contient des veines, dites ferreuses, qui ne peuvent se souder et qui nuisent aux outils fabriqués avec ces aciers. Enfin, un seul corroyage ne suffit pas pour rendre les barres homogènes; il en faut deux et quelquefois trois, et alors ces aciers deviennent aussi coûteux que ceux fondus.

La fusion de l'acier dépend peu, au contraire, de l'habileté de l'ouvrier; elle s'opère facilement dans des creusets, et l'homogénéité donnée à l'acier, après une seule fusion, paraît être aussi complète que possible.

En conséquence, entre les deux procédés ci-dessus rappelés de rendre l'acier homogène, il y a lieu de préférer la fusion.

CHAPITRE XIII.

Comparaison entre les divers aciers contenant une quantité de carbone moindre que celle de saturation, et l'acier saturé.

Il est d'usage d'employer à la fabrication des outils ordinaires des aciers naturels ou de cémentation communs, c'est-à-dire contenant une quantité de carbone moindre que celle nécessaire pour saturer le fer. On cherche ensuite à donner à ces outils, par une trempe bien dirigée, le plus de qualités possibles.

Des fabricants font de l'acier fondu avec ces mêmes aciers communs, et les outils en provenant, quoique d'un prix très-élevé, sont peu supérieurs à ceux de la première catégorie.

Quant à l'acier fin, soit de cémentation, soit

fondu, on le destine aux articles de chirurgie, rasoirs, etc., c'est-à-dire aux instruments dont le fil
doit avoir un grain très-serré et dur. On s'applique
à le tremper avec ménagement et à donner aux instruments, après la trempe, un recuit approprié à
leur destination.

Il y a donc deux faits à noter : l'un est la grande
diversité d'aciers répandus dans le commerce, l'autre dans les divers moyens pratiqués pour tremper
l'acier et le recuire.

Il résulte de là des différences considérables,
non-seulement entre les produits de plusieurs usi-
nes, mais encore entre ceux d'un même établisse-
ment.

Je me suis demandé s'il ne serait pas facile et
utile pour les divers services de l'artillerie de ne
fabriquer qu'une seule espèce d'acier, à peu près
constante dans sa composition, dont on modifierait
les qualités par la trempe, et, d'autre part, s'il ne
conviendrait pas d'employer, à l'exclusion de tous
les autres aciers, le fer cémenté à saturation ?

Après divers essais faits avec soin, j'émets l'avis
qu'il serait utile d'employer un seul acier, celui saturé de carbone, dont il a été question au chapitre VIII, sauf à affecter à sa fabrication les fers préalablement reconnus de très-bonne qualité et à tremper les pièces fines avec précaution et dans le liquide
reconnu bon pour donner à l'espèce d'objets fabriqués le degré de dureté désiré (voir chap. XIV).

Sans doute, mes expériences ne suffisent pas pour qu'il y ait lieu de changer subitement les moyens actuels de se fournir d'acier de ressorts, de baguettes, baïonnettes, cuirasses et casques ; mais, fort de mes études, je demande avec instance que des essais soient faits sur l'emploi de l'acier unique saturé et fondu, appliqué à tous les outils, instruments et objets du service de l'artillerie, et sur la trempe à l'eau conformément aux indications résultant du chapitre ci-après.

CHAPITRE XIV.

De la trempe de l'acier.

Une opération très-importante et bien digne d'être mieux étudiée qu'elle ne l'a été jusqu'ici, je crois, est la trempe de l'acier. Comme mes intentions ne sont pas de faire de la théorie, j'écarte les questions scientifiques pour traiter celles de pratique usuelle.

Le plus grand nombre des ouvriers, quand il s'agit de tremper, chauffent au rouge, et dès que l'objet à tremper a acquis cette couleur avec uniformité dans toute son étendue, ils le plongent subitement et entièrement dans l'eau.

Je passe sous silence les précautions à prendre.

Au lieu de se servir d'eau ordinaire, certains ouvriers emploient l'eau de savon, l'huile, etc.

Mais, il est à observer que si la trempe se fait dans
l'eau ordinaire, elle est toujours suivie d'une autre
opération nommée recuit ; il n'en est pas ainsi quand
on trempe à l'huile par exemple.

Bien tremper et recuire une pièce est un problème ; car il faut donner à l'acier toute la dureté
suffisante ni plus ni moins.

L'immersion dans l'eau froide ordinaire produit
une dureté trop grande et le recuit a pour but d'ôter
l'excès ; toutefois, il y a lieu de chercher à résoudre
les questions suivantes :

1° Quels sont les corps les plus aptes à durcir l'acier
par la trempe ?

2° Serait-il indifférent de tremper à l'eau et de
recuire, ou d'obtenir la dureté désirée par une trempe
dans un liquide déterminé, sans recuire ensuite ?

En admettant l'utilité de recuit, n'y aurait-il aucun
avantage à tremper dans le liquide qui serait reconnu
apte à donner à l'acier le plus de dureté possible ?

3° Le recuit peut-il corriger le mauvais grain résultant d'une trempe faite, l'acier étant trop chaud ?

Pour résoudre ces questions, plusieurs essais ont
été nécessaires.

1re *Question.* J'ai cherché la puissance de trempe
de divers corps ; voici le tableau, suite de ce premier

travail. Les chiffres indiquent la dureté et la finesse relative du grain.

		Dureté à la lime.	Finesse du grain.	Observations.
	Fer pur non aciéré	0	0	(Texture fibreuse.)
1	Eau bouillante	2	5	(En partie fibreuse.)
2	Limaille de fer	5	10	*id.*
3	Mercure	18	12	*id.*
4	Eau de savon	20	16	*id.*
5	Eau salée	22	18	(Pâte serrée, grise mate.)
6	Eau vinaigrée	25	20	*id.* homogène
7	Eau salée et vinaigrée	25	20	*id.* *id.*

D'après cela, je tiens pour certain que l'eau vinaigrée (il ne s'agit pas ici de mélange réfrigérant) donne au même acier convenablement chauffé (ce doit être sous-entendu) la trempe la plus dure et la pâte la plus serrée et la plus homogène.

Ainsi, 1° les huiles et savons dissous et même l'eau pure rendent l'acier moins dur que les eaux acides, les trempes étant faites aux mêmes degrés de température, par exemple de 15 à 20°.

2° Plus la trempe est rendue vive par la nature du liquide, plus le grain de l'acier devient serré et forme une pâte homogène, mate, sans aucun point brillant (on suppose que l'acier n'ait pas été porté à une température trop forte).

3° L'action de l'eau bouillante est inférieure à celle de la limaille de fer, la limaille de fer trempe moins que le mercure, et la trempe au mercure est inférieure à celle de l'eau vinaigrée.

Résumé.

La puissance de tremper croît, la température restant la même, avec le pouvoir conducteur du calorique du corps dans lequel on trempe, sa fluidité et sa propriété de mouiller l'acier.

2° *Question.* Il s'agit de reconnaître si, en trempant deux morceaux d'un même acier chauffés au degré de rouge convenable, l'un dans l'eau ordinaire et l'autre dans un autre liquide apte à le rendre beaucoup plus dur, et recuisant ensuite les deux morceaux à l'huile, par exemple, on rendrait par le recuit aux deux aciers une dureté et un grain absolument égaux.

Il semble, si le recuit est fait à une même température, que les deux résultats devraient être identiques, cependant mes essais tendent à prouver le contraire ; le recuit ne donne pas à la pâte des deux échantillons une même apparence, et il est , selon moi, favorable d'employer pour la trempe le liquide qui durcit le plus.

3° *Question.* Quelle influence exerce sur la texture de l'acier une température trop forte (rouge vif et au-dessus) donnée à l'acier avant de le tremper? Est-il préférable de tremper à l'eau froide et de recuire ensuite ou de tremper dans un liquide disposé pour donner, sans autre opération ultérieure, le degré de dureté que l'on veut obtenir en recuisant?

Dans nos arsenaux et manufactures d'armes, on trempe à l'eau et l'on donne ensuite un recuit, soit à l'aide de l'huile, soit en chauffant l'acier jusqu'à ce que la corne prenne dessus et brûle, soit quand les surfaces permettent de voir les couleurs dites de recuit, en chauffant jusqu'au bleu et passé le bleu.

Dans certains cas, des ouvriers civils trempent directement dans l'huile ou dans l'eau de savon et ne donnent aucun recuit.

Il m'a paru utile de faire quelques essais pour fixer exactement les effets de la trempe et du recuit; voici ce que j'ai trouvé:

1° Plusieurs morceaux de très-bon acier ont été chauffés presqu'au blanc et jetés à l'eau froide. Leur cassure a été lamelleuse et brillante (gros grain à facettes).

On a recuit le n° 1 à l'huile en le chauffant jusqu'à l'inflammation du liquide, et les n°ˢ 2, 3, 4, 5, 6 et 7 en les plaçant sur un corps chaud et leur laissant prendre la série des couleurs jaune foncé, rouge, violet, bleu, gris, gris plus blanc et la température du rouge sombre.

Ces échantillons ont été cassés et examinés; la température rouge sombre avait ramené au tissu fibreux les gros grains facettes qui étaient antérieurs au recuit; celle relative au gris blanc avait laissé subsister une partie des gros grains et ramené une autre partie au fibreux ; au gris correspondait moins de fibreux et plus de facettes ; et enfin les températures des recuits, bleu léger, rouge, jaune, n'avaient pas sensiblement modifié les gros grains.

J'insiste sur ce dernier résultat, dont l'importance est très-grande au point de vue du bon emploi de l'acier en outils, baïonnettes, etc. ; car les gros grains et les tissus fibreux ne conviennent pas aux instruments tranchants.

Ainsi, le bon acier trempé trop chaud prend un gros grain composé de facettes lamelleuses, et le recuit aux divers couleurs, jaune, rouge, bleu, ne modifie pas sensiblement cette contexture ; une température successivement plus élevée la détruit peu à peu et reproduit le tissu fibreux ; les gros grains redeviennent donc fibres sans passer par des grains plus fins.

En conséquence, un outil qui, aiguisé, prend le fil, une baguette ou une baïonnette présentant à la cassure un grain écailleux, n'accusent point nécessairement un acier de mauvaise qualité ; ces grains à facettes peuvent provenir d'une trempe faite, l'acier étant trop chaud, et le recuit n'a pu corriger les grains.

Cette série d'expériences terminées, on en a fait une seconde, ayant le soin de ne pas trop chauffer l'acier et au contraire de le maintenir à la température rouge la plus convenable ; on a trempé les échantillons dans l'eau ordinaire et on les a recuits aux couleurs jaune, orangé, bleu, gris et passé le gris.

En cassant quelques échantillons trempés et non recuits, on s'est assuré que la chaleur rouge à laquelle on les avait portés n'était pas trop forte, car ils avaient une pâte serrée, homogène, mate, sans aucune apparence cristalline ou fibreuse.

Après le recuit, on a tâté ces aciers à la lime, ensuite on les a cassés; la pâte a commencé à devenir fibreuse à la couleur bleue; mais elle n'avait aucun grain à facettes, et les fibres étaient de plus en plus apparentes, à mesure que le recuit avait eu lieu à une température plus élevée.

Par suite de ce qui précède, si une pièce en acier trempée et recuite manque de dureté, ou si elle s'use trop vite à la meule et ne peut tenir le fil, il ne faut pas en conclure que l'acier est mauvais; tous ces défauts peuvent provenir d'une trempe faite, l'acier n'étant pas assez chaud, ou d'un recuit à une température trop forte.

Afin de me rendre compte plus à fond de ces effets, j'ai renouvelé les essais précédents en trempant les morceaux d'acier chauffés à température convenable pour obtenir la plus belle pâte, dans de l'eau à 15°, 25°, 50°, 75° et 100° (eau bouillante).

Les échantillons tâtés à la lime et cassés ont prouvé que la dureté diminue avec l'élévation de température de l'eau et que la texture fibreuse commence à près de 25°.

D'après cela, il serait extrêmement facile de régler la température de l'eau suivant les instruments, outils ou objets en acier à tremper, et de tremper toujours avec uniformité. Dans ce cas le recuit, devenu inutile, serait supprimé.

Résumé.

1° L'eau pure, aiguisée de vinaigre ou salée, doit être préférée pour la trempe, comme plus apte à durcir l'acier.

2° Le même recuit ne ramène pas à une contexture identique deux échantillons d'un même acier également chauffés et trempés dans des liquides de nature différente, et il ne peut rendre un grain fin à un acier qui a été trempé trop chaud.

3° Il est préférable de donner aux aciers la dureté désirable en les trempant dans un liquide préparé d'avance et de température comme (l'eau par exemple, portée à des degrés divers de chaleur). L'opération ainsi faite dispense du recuit.

OBSERVATION. — Un point très-important à régler est le degré de chaleur à donner à l'acier. Il y aurait un grand intérêt à trouver un moyen facile et certain de donner la température rouge convenable. Les ouvriers bons et soigneux prennent la précaution de fermer les portes et volets des ateliers où ils trempent l'acier ; l'obscurité leur permet de mieux juger à l'œil du degré de rouge de leurs pièces d'acier.

Je réunis dans cette seconde partie de mon Mémoire un résultat intéressant d'expériences (décomposition du plâtre par le fer), l'énoncé de synthèses à faire, le relevé de quelques erreurs existant dans le cours sur le service des officiers d'artillerie dans les forges, des doutes relatifs à la théorie des aciers et fontes imaginée par Karsten, et enfin j'appelle l'attention des métallurgistes sur le dosage du carbone allié aux fontes, dosage qui me paraît être très-souvent erroné par suite de surcharges qui se produisent dans les analyses chimiques.

CHAPITRE XV.

Action du plâtre sur le fer.

Dans le cours de mes expériences, un fait curieux s'est produit; le voici tel que j'ai eu l'occasion de l'observer. J'avais placé un barreau de fer de qualité excellente et du plâtre, dans une boîte en tôle et tenu le tout à la température rouge pendant 24 heures. Après ce laps de temps, la boîte fut retirée et on la trouva rongée aux trois quarts; le morceau de fer était lui-même diminué de plus des deux tiers de sa grosseur primitive; le plâtre avait disparu. Un composé fusible au rouge, aussi aigre et friable à froid que les paillettes de fer forgé, résultait ainsi de l'action du plâtre sur le fer.

Examiné avec soin et préalablement nettoyé de la couche de matière étrangère qui l'entourait, le morceau de fer restant fut reconnu d'excellente qualité.

Ainsi, rien de semblable à une cémentation n'avait eu lieu, et il ne s'était formé aucun gaz capable d'imprégner le fer à la température du rouge cerise. Evidemment, le sulfate de chaux a été décomposé et il s'est formé du sulfure de fer qui a coulé à mesure de sa production.

J'ai à regretter de n'avoir pu me rendre compte de la composition des scories, il eût été digne d'intérêt de savoir si elles contenaient de l'oxyde de fer ou un double sulfure de fer et de calcium.

La décomposition du sulfate de chaux par le fer, à la température du rouge vif, me porte à douter de l'influence salutaire attribuée par les métallurgistes à la chaux ajoutée aux bains de fonte sulfureuse, dans l'espérance de faciliter le départ du soufre et d'obtenir des fers non rouverains.

La chaux tend peut-être à rendre le fer sulfuré plus fusible, mais elle ne doit pas faciliter la décomposition de ce fer sulfuré répandu dans la masse de la fonte ni diminuer le déchet du fer.

Ainsi, l'addition de la chaux aux fontes rouveraines, destinées à l'affinage, ne me paraît pas utile, surtout en ayant égard au prix de revient du fer obtenu.

CHAPITRE XVI.

De l'acier fondu dans de la poussière de charbon.

Il est généralement admis que l'acier fondu dans un creuset rempli de charbon de bois ordinaire ou de coke pulvérisé, devient, suivant la durée de l'expérience et le degré élevé de la température, fonte blanche ou grise, etc. Je me suis demandé si le caractère de fonte blanche devait résulter du carbone seul ou des matières étrangères contenues dans tous les charbons, telles que la silice, l'alumine, les sels divers. Il ne faut pas l'oublier, sous l'influence d'une haute température (celle de la fusion du fer ou de l'acier), l'alumine et les oxydes, soit terreux, soit métalliques, sont réduits par le charbon ; du moins, tous les chimistes admettent que les choses se passent ainsi. Alors, le silicium, l'aluminium, etc., entrent en combinaison avec le fer passé à l'état de fonte, par suite d'un excès d'absorption de carbone ; ils peuvent donc modifier les propriétés de la fonte et lui imprimer un cachet particulier que le charbon seul ne lui donnerait pas.

Avant d'admettre avec certitude la formation d'une fonte blanche composée de fer et de carbone seulement, il faudrait renouveler des synthèses en employant des aciers fabriqués avec du fer, dont la qualité serait irréprochable et du charbon le plus pur possible, c'est-à-dire purgé de silice, d'alumine, de sels calcaires et autres.

Ces essais, s'ils étaient faits avec soin, jetteraient un peu de lumière sur la constitution des fontes de fer, dites blanches, obtenues par les hauts fourneaux marchant bien ; car je mets en doute qu'elles puissent être le produit du fer et du carbone seuls ; elles doivent plutôt résulter de l'union du fer carburé et des matières étrangères contenues dans le charbon et dans le minerais.

En mettant 100 grammes, par exemple, d'acier de cémentation saturé de carbone en contact avec 1/2, 1, 2, 3, 4 et 5 grammes, etc. de charbon pur, si c'était possible, ou tout ou moins exempt de silice, d'alumine, de sels terreux, etc. ; ayant l'attention de faire varier, dans chaque série, la durée de la fusion, et pesant ensuite chacun des lingots obtenus, on se procurerait certainement les éléments nécessaires pour résoudre la question relative à la production, possible ou non, des fontes blanches, au moyen du fer et du charbon seuls, et celle de quantités de carbone absorbées par les diverses variétés de fontes de fer.

CHAPITRE XVII.

De l'incertitude de la théorie actuelle des aciers.

J'emprunte, en la résumant, la théorie suivante des aciers et fontes au *Manuel de la métallurgie du fer*, par Karsten, traduit de l'allemand par Culmann, édition de 1824.

1° *Plombagine.*

1re *Variété.* — Limaille ou écume de fonte. — Formée de carbone à peu près pur.

2e *Variété.* — Graphite naturel. — Contient 90 à 95 de carbone et 10 à 5 de fer.

2° *Aciers.*

1re *Variété.* — Non trempé. — Composé de fer

combiné à une petite quantité de carbone (fer dit aciéreux) et de carbone ou graphite libre, épars dans la masse.

2ᵉ *Variété.* — Trempé. — Diffère de la variété 1ʳᵉ par le carbone ou graphite tout entier, combiné au fer aciéreux et répandu uniformément dans la masse.

3° *Fonte grise.*

Même genre de composition que l'acier non trempé.

4° *Fonte blanche.*

Même genre de composition que l'acier trempé.

OBSERVATION I. La quantité de carbone contenue dans la fonte blanche serait supérieure à celle de la fonte grise; mais tout le carbone y serait à l'état de combinaison avec le fer, au lieu d'y être pour la plus grande partie à l'état de graphite, variété 1ʳᵉ ou 2ᵉ.

La théorie proposée par M. Karsten, ramenée à la forme ci-dessus exprimée, à supposer que je l'ai bien comprise, est très-simple et fort ingénieuse. Elle a été fondée sur les propriétés de l'acier pris dans les deux états avant et après la trempe. En effet, l'acier non trempé conserve en grande partie les qualités du fer dont il provient; car on le soude et il reste malléable. Le carbone entré par cémentation semble donc agir comme un corps étranger, répandu dans la masse, ayant pour but unique de gêner les mouvements des molécules du fer. De ces ressemblances a pu naître l'idée que M. Karsten s'est faite de l'état du carbone dans l'acier non trempé. Passons maintenant à l'acier trempé. Il reste fusible et on le soude ; mais il est fragile et d'une dureté extrême. Les résultats de la trempe ont ainsi une certaine analogie avec ceux d'une cristallisation brusque, ce qui conduit à voir dans l'acier trempé une combinaison intime entre le fer et le carbone. De plus, comme la trempe exerce son action sur toutes les parties de l'acier à la fois, on est disposé à penser que le carbone se répartit uniformément dans la masse.

Tels sont les deux points principaux de la théorie de M. Karsten.

La fonte grise, un peu ductile ou malléable, a été rattachée à l'acier non trempé, et pour faire passer les propriétés de l'acier non trempé à celles de la fonte grise, il a suffi d'admettre une plus grande quantité de carbone dans la fonte grise que dans l'acier.

La fonte blanche, dure, cassante, à grandes lames, dont l'apparence est cristalline, a été, à son tour, rattachée à l'acier trempé, parce qu'il a suffi également pour rapprocher leurs propriétés physiques, d'admettre une plus grande quantité de carbone dans la fonte blanche que dans l'acier trempé.

Résumé.

La fonte grise serait de l'acier non trempé contenant une plus grande quantité de carbone passé à l'état de graphite, et la fonte blanche serait de l'acier trempé contenant une plus grande quantité de carbone ordinaire.

Tout le monde, à coup sûr, trouvera ces idées théoriques très-ingénieuses, mais la vérité est-elle là ? Je le mets en doute.

Dans les chapitres VII et XV, relatifs à la fusion de l'acier dans les charbons ordinaires, j'ai essayé de faire ressortir l'utilité d'une synthèse ayant pour but de vérifier avec exactitude si, avec du fer et du charbon le plus possible pur, on pourrait se procurer, par voie de fusion, une fonte ayant les propriétés de celles dites blanches qu'on obtient avec des minerais convenables, fusibles, le fourneau marchant bien.

D'autre part, quelle idée pourrait-on se faire de la nature de la combinaison du carbone et du fer, si l'on suit pas à pas les résultats de la trempe de l'acier dans de l'eau prise aux températures diverses de 15°, 20°, 25° et au-dessus ? Admettra-t-on que la quantité de carbone éparse dans la masse suivra l'accroissement de la température de l'eau et par suite de la faiblesse de la trempe ? Dans ce cas, quelles seraient les particules d'acier qui déposeraient leur carbone lors des trempes faibles ou des recuits, et pourquoi les unes plutôt que les autres se débarrasseraient-elles d'une portion de leur carbone ? Si toutes en déposent également, alors le carbone sera uniformément épars, contrairement à la théorie. Enfin, ayons recours à un morceau d'acier neuf qui n'ait pas encore été trempé, le carbone s'y trouvera épars ; chauffons cet acier et trempons-le, voilà tout le carbone combiné et uniformément réparti. Comment le carbone qui pouvait être, avant la trempe, en trop dans une place, a-t-il pu se rendre là où il n'y en avait pas assez ? On ne saurait le comprendre. Au reste, quand un échantillon de fer n'est pas suffisamment cémenté, il arrive souvent qu'après la trempe il est très-dur en certaines places et mou dans d'autres. Ainsi la répartition de carbone n'est pas toujours uniforme.

Il y aurait beaucoup à dire sur cette théorie et il serait même utile de le faire ; mais je dois arrêter cette discussion qui, si elle était reportée sur les fontes, me jetterait entièrement hors du titre de ce mémoire.

OBSERVATION II. Je terminerai ce chapitre par une observation d'ordre. Le mot générique, fonte de fer, s'applique à un grand nombre de composés différents ; la dénomination de fonte blanche comprend plusieurs espèces ; il en est de même du mot fonte grise. La réunion de produits divers sous un même nom entretient la confusion dans les idées. Il conviendrait donc de distinguer les espèces de fonte les unes des autres, et de donner à chacune d'elles une désignation spéciale. Je sollicite des métallurgistes l'adoption d'une nomenclature et d'une synonymie analogue à celle adoptée depuis longtemps dans les livres de minéralogie.

CHAPITRE XVIII.

Observations sur les analyses de fer et d'acier (arsenic ou arséniure pris pour du carbone ou pour un carbure.)

Plusieurs fois, j'ai été conduit à analyser des fers de qualité suspecte et à les traiter par l'acide azotique ; voici un fait qui s'est produit sous mes yeux et sur lequel il me paraît utile de fixer l'attention.

La liqueur brunit ; peu à peu il se forme un dépôt léger, difficilement attaquable par l'acide.

Ce dépôt est ordinairement pris pour du carbone ou pour un carbure ; suivant moi, souvent l'arsenic et non le carbone en forme la base.

Je suis ainsi porté à penser qu'on dose comme carbone, dans les analyses de fontes, des matières telles que l'arséniure de fer, le siliciure de fer, etc., où le carbone n'est pour rien. Voici un fait à l'appui de cette assertion.

D'après Karsten, *Manuel de la métallurgie du fer*, traduction de M. Culmann, 1er vol. page 111, les quantités de carbone contenues dans les divers aciers varieraient de 1/2 à 1, 2, pour 0/0 ; mais on a vu au chapitre IV de ce mémoire, que près de 1/500 seulement d'absorption de carbone, produit par une cémentation au coke, avait suffi pour aciérer le fer au point de le rendre propre à la fabrication de petits ciseaux d'ouvriers en bois.

Le minimum de 0,2 ou de 0,5, indiqué par M. Karsten, est donc trop faible.

J'insiste sur les différences entre les résultats des synthèses et ceux des analyses chimiques ; car les procédés d'analyse sont encore si imparfaits qu'il faut avoir recours aux synthèses ; elles seules peuvent conduire à la vérité.

Beaucoup d'espèces de fer contiennent de l'arsenic ; pour rechercher ce dernier métal et même le doser, je fais usage de la méthode suivante : Traiter par l'acide azotique une quantité de fer déterminée, étendre d'eau, saturer d'ammoniaque, laver avec de l'eau ammoniacale chaude, jusqu'à ce qu'il n'y ait plus d'alcali, dissoudre le dépôt avec de l'acide chlorhydrique étendu d'eau et mettre la liqueur dans l'appareil de Marsh.

Quand le fer contient de petites quantiés d'arsenic, 1 à 3 millièmes, je dose ce dernier métal en préparant, à l'aide de synthèses et du procédé d'analyse précédent, trois séries de taches correspondant à 1, 2, 3 millièmes d'arsenic; on n'a plus alors qu'à comparer à l'une de ces séries les taches provenant d'un fer à essayer.

OBSERVATION. Il arrive que le dépôt ferreux est lent à se rassembler au fond des verres; les lavages sont alors un peu longs; pour faciliter la chute des flocons, on peut ajouter à la dissolution azotique de fer 3 à 4 millièmes de plomb pur; la saturation par l'ammoniaque précipite tout à la fois le plomb et le fer, et le dépôt ferreux se forme très-promptement. (La suite de l'opération comme ci-dessus.)

Cette méthode est extraite de mon *Mémoire sur les cuivres, étains et bronzes*, employés pour la fabrication des bouches à feu, page 79. (Corréard, Paris, 1850).

RÉSUMÉ GÉNÉRAL.

Je résume ainsi qu'il suit, et très-succinctement, le mémoire qui précède.

Première partie.

CHAPITRE 1er. Il n'est pas possible de cémenter le fer avec la silice : les charbons privés de silice ou du moins fort peu siliceux sont, au contraire, très-aptes à cémenter le fer et à le rendre bon acier.

CHAPITRES II ET III. Les charbons ne cémentent pas le fer avec la même rapidité (voir leur classement).

Un gramme de carbone suffit pour rendre 500 grammes de fer assez acier pour que ce fer prenne la trempe à l'eau. Il n'y a aucune corrélation entre la dureté de l'acier avant la trempe et celle après.

CHAPITRE IV. Les fers durs ne sont pas préférables aux fers tendres pour la fabrication de l'acier de cémentation et de l'acier fondu, à degré égal de cémentation, pourvu que les deux espèces de fer soient de qualité irréprochable.

CHAPITRES V ET VI. Les propriétés des divers charbons végétaux ou provenant de productions animales sont très-différentes : il y aurait une grande utilité à étudier les charbons au point de vue de la quantité de carbone dont ils sont pourvus et de la nature des matières étrangères qu'ils contiennent.

CHAPITRE VII. Le meilleur cément est celui dont les ouvriers en fer font usage ; il y entre de l'ail et du sel marin.

On n'obtient la coloration donnée par les armuriers aux pièces d'armes, qu'en cémentant ces pièces avec des os.

CHAPITRE VIII. En soumettant le fer à une cémentation prolongée, on ne peut le transformer en fonte de fer ; la cémentation s'arrête et ne se défait pas ; il y a donc un degré maximum de cémentation.

CHAPITRE IX. L'acier de cémentation, même à saturation complète, est d'une stabilité à toute épreuve.

CHAPITRE X. La cémentation n'ôte pas au fer ses mauvaises qualités ; ainsi le fer pailleux ou cassant, soit à froid, soit à chaud, ou qui ne soude pas, conserve ces défauts, au moins en partie, même quand il est devenu acier fondu.

CHAPITRE XI. Pour les usages de l'artillerie, l'acier de cémentation, fabriqué avec du fer préalablement reconnu très-bon, doit être préféré aux aciers naturels.

CHAPITRE XII. Il est facile de cémenter le fer à un degré quelconque compris entre zéro et la saturation complète, et de rendre toutes ces séries d'acier homogènes en les fondant. Une fois les degrés de cémentation fixés comme aptes à donner des aciers bons pour des usages déterminés, on peut les reproduire facilement, sans sortir des limites de variation satisfaisantes pour la pratique.

CHAPITRE XIII. L'acier de cémentation saturé et fondu devrait être employé à l'exclusion de tous autres aciers pour les divers travaux de l'artillerie, particulièrement pour la fabrication des ressorts de platine, des baguettes de fusil, des baïonnettes, des sabres, des cuirasses, etc.

CHAPITRE XIV. L'eau ordinaire, ou acidulée avec du vinaigre, prise entre 15 degrés et l'eau bouillante, fournit un moyen extrêmement simple et exact de tremper l'acier à tous les degrés utiles de dureté, sans qu'il soit nécessaire de le soumettre à l'opération du recuit, cette dernière opération serait ainsi supprimée.

Deuxième partie.

CHAPITRE XV. Le sulfate de chaux attaque le fer pur et il se forme un composé qui, fusible à la température rouge, est aigre et fragile à froid à la manière des paillettes de fer forgé.

CHAPITRE XVI. Il y a lieu de vérifier par des synthèses si, comme on le croit, il est possible, avec du fer et du carbone seulement, d'obtenir des fontes blanches analogues à celles qui résultent du choix de certains minerais, les hauts fourneaux marchant bien.

CHAPITRE XVII. La théorie des aciers et fontes de fer établie par Karsten, dans son *Manuel de métallurgie*, paraît être inexacte.

CHAPITRE XVIII. Beaucoup d'analyses de fontes sont erronées ; on y indique comme carbone, de l'arséniure de fer et peut-être du siliciure, etc.; c'est-à-dire des matières peu attaquables par les acides.

CHAPITRE XIX. Les articles du cours sur le service des officiers d'artillerie dans les forges, édition de 1837, concernant les aciers, ne sont pas exempts d'erreurs.

CHAPITRE XIX.

Corrections à faire aux articles, aciers et fers, du cours sur le service des officiers d'artillerie dans les forges, édition de 1837.

Page 195, 3ᵉ alinéa.—Il faut préférer, pour la cémentation, les fers forts et durs et éviter les fers mous.....

Observation. Les fers les plus purs produisent des aciers de cémentation parfaits; ce qu'il faut rechercher, c'est donc la pureté des fers à transformer en acier.

Page 195, 4ᵉ alinéa.—En général le charbon de bois dur est préférable à celui de bois tendre pour la cémentation.

Observation. Mes expériences (voir chap. IV) prouvent le contraire.

Page 196, 2ᵉ alinéa — Après avoir enduit l'intérieur des caisses de cémentation sur une épaisseur de 7 millimètres de terre réfractaire délayée dans l'eau, etc.

OBSERVATION. Il faut éviter d'introduire dans les caisses, des liquides, graisses, etc., c'est-à-dire tout corps susceptible de donner lieu à la formation de gaz ou à une oxydation.

Page 197, 1ᵉʳ alinéa. — Indices de la fin de la cémentation, tels que : larges ampoules, barres se rompant avec facilité, grains gros, brillants et à larges facettes, etc.

OBSERVATION. Ces indices ne sont pas exacts; car des barres de fer cémentées au maximum n'ont souvent aucune ampoule ; elles cassent rarement avec facilité et enfin leur cassure ne présente pas de larges facettes.

Page 197, 2ᵉ alinéa. — Les ampoules peuvent provenir de ce que l'oxygène des scories restées dans le fer s'est combiné avec le carbone introduit dans la masse du métal par la cémentation et a donné naissance à du gaz acide carbonique.

OBSERVATION. Je ne crois pas cette théorie fondée, attendu que des fers reconnus mal affinés, pailleux, n'ont pas toujours des ampoules par suite de la cémentation, et que, devenus aciers, ils restent encore pailleux et mal affinés.

Page 199, 7ᵉ alinéa. — C'est ordinairement l'acier de cémentation que l'on soumet à la fusion, parce que l'adhérence du carbone au fer y est moins forte que dans l'acier naturel.

Observation. D'après mes expériences (voir ch. 9), l'acier de cémentation a une stabilité très-grande qui n'est nullement inférieure à celle des aciers naturels. D'ailleurs, si l'adhérence était moins forte, ce serait plutôt un motif pour que l'acier de cémentation, au lieu d'être plus fusible, le fût moins

Page 201, 2ᵉ alinéa. — Les acides donnent une teinte noire aux portions de surface aciérées et les parties ferreuses restent blanches.

Observation. Cela est vrai; mais si, après avoir laissé l'acide agir un peu fortement sur une étoffe d'acier et de fer, ou sur un damas, on frotte les surfaces, c'est l'inverse qui a lieu; les portions ferreuses paraissent noires et celles aciérées, plus dures et faisant saillie, deviennent blanches par l'effet du polissage.

Page 201, 3ᵉ alinéa. — L'analyse chimique fait découvrir dans le Wootz (acier fondu, damassé, tiré de l'Inde) une petite quantité de silicium et d'aluminium; c'est à ces substances, et surtout à la dernière, qu'on a attribué la supériorité du Wootz.

Observation. Aujourd'hui les fabricants de damas n'attribueraient nullement la supériorité du Wootz à des corps étrangers qui rendent le fer et l'acier de mauvaise qualité. Au reste, à la page 316, ligne 16, on lit : « Le silicium est très-nuisible à la qualité « du fer ; une grande partie des fers cassant à froid « doivent leur fragilité à une faible proportion de ce « métal terreux. etc. »

« L'aluminium altère considérablement la téna- « cité du fer. »

Il y a ainsi contradiction entre les lignes, page 201, et celles, page 316.

Page 202, 1ᵉʳ et 2ᵉ alinéa.—A supprimer tout ce qui est relatif au grain, de pareils indices trompent souvent. Oter également les mots : « perdre son « carbone par des chaudes réitérées. »

Page 202, 3ᵉ alinéa (nᵒ 255).—Après la trempe, le bon acier résiste aux chocs sans se rompre. Il se soude avec facilité, il supporte une chaleur très-élevée.

OBSERVATION. C'est l'acier très-commun qui se comporte ainsi ; mais le bon acier, l'acier fin, a des propriétés exactement contraires.

Page 203, ligne 1.—L'acier est plus lourd que le fer.

OBSERVATION. Le fer augmente peu de volume par la cémentation ; mais la trempe détermine une augmentation très-sensible. Il faut donc distinguer la densité de l'acier non trempé de celle de l'acier trempé. Il conviendrait aussi d'indiquer le degré de carburation de l'acier.

Page 204, 5e alinéa. — Inexact, parce que des aciers fondus, faits avec du fer peu cémenté, exigent, pour devenir durs à la trempe, une chaleur supérieure à celle nécessaire à un acier de cémentation saturé de carbone.

Page 205, 4e alinéa. — Le mercure donne une trempe plus dure que celle produite par l'eau.

OBSERVATION. C'est contraire aux résultats de mes expériences (chap. XIV). Le mercure trempe moins dur que l'eau ordinaire, même à 15°.

Page 206, 3e alinéa. — Par la trempe le grain de l'acier devient fin.... On ne peut l'apercevoir qu'avec une loupe.

OBSERVATION. Cela est vrai, quand l'acier a été porté à une température ni trop basse ni trop haute ; en cas contraire, le grain est très-différent de celui ci-dessus indiqué.

Page 208, 4e alinéa. — La trempe en paquet consiste à aciérer légèrement par la cémentation certaines pièces, afin de leur donner plus de pureté et de ténacité.

OBSERVATION. Mettez dureté au lieu de pureté. La trempe en paquet n'a réellement pour but que de durcir la surface et non de rendre le fer tenace.

Page 316, 7e alinéa. — Le silicium se combine avec le fer et peut s'unir à lui par la cémentation, comme le charbon.

Observation. Je ne connais aucun résultat d'expériences bien faites qui prouve la possibilité de cémenter le fer par le silicium; dans les hauts fourneaux, la silice, la chaux, l'alumine, la magnésie, les oxydes métalliques, y compris ceux de fer, les sulfures, etc., sont réduits ou décomposés sous l'influence du carbone, et les métaux dits terreux, les métaux ordinaires, les métalloïdes, tels que le soufre et le phosphore, et le fer cémenté par le carbone, tous amenés à l'état de fusion ou de vapeur, se constituent en alliage complexe. (Théorie admise.)

Quant à une cémentation analogue à celle d'où résulte l'acier, je ne la crois possible qu'avec un autre corps que le charbon.

TABLE DES MATIÈRES.

FIN DE LA TABLE.

Paris. — Typ. de H. V. de Surcy et Cie, rue de Sèvres, 57.

OUVRAGES DU MÊME AUTEUR.

Études sur les Fusils percutants d'Infanterie, sur les amorces fulminantes, les approvisionnements de munitions, et les distributions aux soldats en campagne, broch. in-8°, 1840. 2 fr. 75.

Mémoire sur les cuivres, étains et bronzes, employés pour la fabrication des bouches à feu, 1 vol. in-8°, 1850.   6 fr.

PARIS. — IMP. V. DE SURCY ET Cᵉ, RUE DE SÈVRES, 37.

www.ingramcontent.com/pod-product-compliance
Ingram Content Group UK Ltd.
Pitfield, Milton Keynes, MK11 3LW, UK
UKHW020022100726
13658UKWH00003B/1045